Ce livre appartient à

Conception des jeux : Agnès Lechat

ISBN : 978-2-7470-3747-1

18 rue Barbès – 92 120 Montrouge - France
Dépôt légal : avril 2011 - Cinquième édition
Imprimé en Chine
Loi 49-956 du 16 juillet 1949 sur les publications destinées à la jeunesse

Serge Bloch • Nicolas Hubesch

# ZOUK

## une sorcière au grand cœur

bayard jeunesse

Dans une grande, très grande ville du bout du monde,
au milieu des grands, très grands immeubles,
il y a une petite, toute petite maison.

C'est là qu'habitent Zouk et sa famille.

Zouk est une charmante petite fille, comme toutes les petites filles.

Son papa, Saluléga, a une grosse voiture comme tous les papas.

Sa jolie maman, Salsepareille, est la plus gentille, la plus douce et la plus drôle des mamans.

Et voici ses deux amis, Noyau et monsieur Potiron.

C'est une famille comme les autres. Enfin... presque !
Car, dans cette famille-là, on est tous sorciers !
Mais ne le dites à personne, c'est un secret.

ABRACADABRI, CADABRA

# Zouk
## une sorcière au grand cœur

# *L'arche de Zouk*

Dans la grande, très grande ville, il fait froid, très froid.
Zouk la petite sorcière se dépêche de rentrer chez elle.

En chemin, Zouk aperçoit un pauvre chien tout mouillé qui tremble de froid.
– Pauvre chien ! Je vais t'aider..., dit-elle. Et elle se pose à côté de lui.

Zouk enroule le chien dans son manteau de sorcière pour le réchauffer.
Mais, à ce moment, elle entend des miaulements, qu'est-ce que c'est ?

Ce sont trois pauvres chats tout mouillés, tout tremblants.
Zouk est une petite sorcière qui aime beaucoup les animaux :
elle met les trois petits chats avec le chien, bien au chaud dans son manteau.

Soudain, Zouk entend de faibles pépiements.
C'est une bande de moineaux tout mouillés, tout tremblants.
Zouk décide : – Venez, je vous emmène à la maison !

Mais c'est qu'il y a beaucoup d'animaux dans la grande, très grande ville !
Zouk les invite tous chez elle pour les protéger du froid.

Il y a des chats et des chiens, des souris et des mulots, toutes sortes d'oiseaux, des corbeaux, des pigeons et des moineaux, un crocodile abandonné, un boa qui s'était échappé du zoo et même un raton laveur.

Zouk est heureuse : sa maison n'est plus une maison, c'est l'arche de Noé !
Mais, quand Salsepareille, sa maman, arrive, elle est très fâchée :
les animaux ont fait plein de dégâts...

Alors, Salsepareille prononce une formule magique...

... et les animaux se retrouvent vêtus de magnifiques pulls tricotés main.
Ils sont contents, car ils n'auront plus froid !
Tout le monde s'en va en remerciant Zouk et sa maman.

Zouk se fait un peu gronder, puis pardonner.
Et elle promet de ne plus recommencer... jusqu'à la prochaine fois !

# *Pitié pour les écureuils*

ans la grande, très grande ville, on entend le bruit strident des machines : *ZZZZZZZiiiii !*
Ce sont les bûcherons qui coupent les arbres. *ZZZZZZZiiiii !*
« Comme c'est triste..., pense Zouk. On croirait entendre les arbres pleurer ! »

– Stop ! crie Zouk. Ne coupez plus !
– Désolé, ma petite demoiselle,
répond le chef des bûcherons. Ordre du maire : on va élargir l'avenue.

– Mais..., dit Zouk, il y a des écureuils et des oiseaux
qui habitent là-haut ! Regardez !

– Tu as raison, dit le chef des bûcherons, bien embêté.
Il téléphone au maire de la grande, très grande ville, qui arrive aussitôt.

– C'est impossible, répond le maire. Je veux mon avenue avec ma statue au bout. Allez, hop, coupez tout ! Et il s'en va.

Zouk n'est pas du tout, mais alors pas du tout contente.
Ce maire-là est trop cruel.

Zouk sort sa baguette et prononce une formule magique :
– Abracadafeuille, monsieur le maire, transforme-toi en écureuil !

Transformé en écureuil, le maire se retrouve tout en haut
du plus grand des grands arbres.
Il se penche en tremblant pour regarder en bas.

Il voit les bûcherons qui s'approchent de son arbre. Ils vont l'abattre !
Le maire a peur !!!

Les bûcherons commencent à scier le tronc de l'arbre.
Le maire crie : – Arrêtez ! Je suis le maire, vous devez m'obéir !

Mais le bruit des machines couvre sa toute, toute petite voix.
Alors Zouk prononce une autre formule magique :
– Abracadabri cadabrome, monsieur le maire, redeviens un homme !

Et l'écureuil se retransforme en maire, accroché en haut de l'arbre.

Les bûcherons l'ont enfin entendu. Ils font venir une grande, très grande échelle pour le faire descendre. Le maire a eu la peur de sa vie... et il a compris !

Il dit : – Je ne veux plus ni d'avenue ni de statue ! Je veux que l'on plante ici beaucoup d'arbres pour les oiseaux et les écureuils !

Et depuis ce jour-là, dans la grande, très grande ville,
on n'entend plus le bruit des scies, mais les chants des oiseaux.
Et le maire vient souvent les écouter.

# *Zouk protège la planète*

Dans la grande, très grande ville, Zouk est très en colère :
il faut protéger notre planète ! Zouk a décidé de manifester.

Zouk arrête une grosse, très grosse voiture et elle dit : – S'il vous plaît, Monsieur, pouvez-vous arrêter le moteur ? Vous gaspillez de l'essence… Merci !

– De quoi tu te mêles ? demande l'affreux monsieur. Je fais ce que je veux !
– Ah, c'est comme ça ? répond Zouk. Eh bien, voilà : Abracadabra…
… et la grosse voiture est transformée en minuscule voiture à pédales !

Et Zouk continue son chemin.

Un peu plus loin, Zouk passe devant un grand jardin avec une grande, grande piscine où flotte tout seul un homme pas sympathique.

Zouk dit : – Monsieur, vous devez partager votre piscine, vous gaspillez de l'eau…

– De quoi je me mêle ? répond l'affreux bonhomme. Je fais ce que je veux !

– Ah, c'est comme ça ? dit Zouk. Eh bien, voilà : Abracadabra…

Le bonhomme se retrouve au fond de sa piscine vide !

Et Zouk continue son chemin.

Enfin, Zouk passe devant une grande, très grande maison tout illuminée.
Zouk dit : – S'il vous plaît, Madame, pouvez-vous éteindre les lumières ?
Vous gaspillez de l'électricité… Merci !

– De quoi tu te mêles ? dit l'affreuse dame. Je fais ce que je veux !
Zouk répond : – Ah, c'est comme ça ? Eh bien, voilà : Abracadabra…
Soudain, il fait tout noir dans la maison et on entend de grands bruits.
C'est la dame qui se cogne aux murs !

Maintenant, c'est le soir et Zouk rentre chez elle.
Elle est contente d'avoir protégé la planète aujourd'hui.

– Zouk ! crie Saluléga, son papa. Tu as oublié de fermer la porte.
On ne chauffe pas les courants d'air !

– Zouk ! dit Salsepareille, sa maman. Tu as oublié d'éteindre ta lumière.
On n'éclaire pas la nuit !

Zouk se dit : – J'ai stoppé une voiture qui polluait,
j'ai vidé une piscine qui gaspillait de l'eau
et j'ai éteint des lumières, mais j'ai oublié de faire attention chez moi…
J'ai été vraiment méchante avec ces gens !
Alors, pour se faire pardonner, Zouk prononce une formule magique :

Et tout le monde promet de ne plus recommencer.

# *Le roi des clochards*

Dans la grande, très grande ville, Zouk la petite sorcière se promène.
Autour d'elle, tout le monde a l'air riche et heureux…
Tout le monde sauf… un vieux monsieur qui pousse devant lui un énorme chariot.

Ce vieux monsieur, c'est Jo, le roi des bricolos.

Dans son chariot, il met des lampes cassées,
de vieux meubles, de vieux papiers,
tout ce qu'il peut ramasser pour le réparer, le vendre et s'acheter à manger.

Jo est pauvre, mais pas malheureux.
Il habite une petite maison et il est libre de faire ce qu'il aime.
Ce qu'il aime surtout, c'est bricoler en regardant les bateaux qui s'en vont
et les lumières de la ville quand la nuit tombe.

Zouk se dit : « Je vais t'aider, pauvre vieux Jo. C'est trop triste de te voir si pauvre ! » Alors, Zouk prononce une formule magique :

Et Jo se retrouve au sommet d'une montagne d'or et de pierres précieuses.

Jo habite maintenant en haut de la plus grande des grandes tours. Il roule dans la plus longue des longues voitures, et il travaille tout le temps.

Il est souvent triste : il n'a plus le temps de réparer la moindre petite lampe, ni de regarder les bateaux et les lumières de la ville.
Alors, il demande à Zouk :

Mais Zouk est une petite sorcière qui ne connaît pas toutes ses formules magiques.
Elle ne sait pas comment faire, et Jo est de plus en plus malheureux.

Heureusement, Salsepareille, la maman de Zouk,
est la sorcière la plus forte de la Terre.
Elle arrive aussitôt et elle prononce ces quelques mots :

Et hop, Jo redevient comme avant. Il retrouve sa petite maison,
et il peut à nouveau bricoler en regardant les bateaux et les lumières de la ville.

Zouk se fait un peu gronder, puis pardonner.
Et elle promet de ne plus recommencer… jusqu'à la prochaine fois !

# *La petite fille aux allumettes*

Il fait froid, très très froid, dans la grande ville.
Zouk se dépêche de rentrer quand, soudain, elle entend un petit bruit...
*Scratch... Scratch...*
Au loin, Zouk voit une petite lueur. Elle s'approche.
C'est une petite, toute petite fille qui brûle une allumette en tremblant de froid.

– Comment t'appelles-tu ? demande Zouk.
– Je m'appelle « la petite fille aux allumettes ».
Je vends des allumettes et je viens de brûler la dernière pour me réchauffer, répond-elle.

– Mais tu n'as pas de papa, pas de maman ? demande Zouk.
– Si... mais je ne sais pas où ils sont...

Que vais-je devenir ? dit la petite fille en pleurant.

– Viens avec moi, je vais t'aider, dit Zouk.
Et elle prononce une formule magique :

Zouk fait apparaître un superbe manteau bien chaud, mais un peu grand.
Puis elle emmène la petite fille chez elle.

Salsepareille, sa maman, est très contente d'accueillir
la petite amie de sa fille chérie.

Après un bon goûter, la petite fille raconte son histoire :
– J'ai été enlevée par d'affreux bandits qui m'obligeaient à vendre des allumettes pour eux.
Je me suis enfuie et je me suis perdue dans la grande ville...

Zouk dit : – Je suis une petite sorcière et je vais te ramener chez toi.
On va voyager sur mon balai, et tu me diras quand tu verras ta maison.

Zouk et la petite fille s'envolent vers le pôle Nord...

... puis l'Arabie...

... et la Russie.

Finalement, elles arrivent en Patagonie.
– C'est là ! dit la petite fille. C'est ma maison !
Et elle retrouve son papa et sa maman.

– Merci, Zouk, tu es la plus gentille des petites sorcières de la Terre !
Zouk est contente : c'est bien de faire le bien.

Et elle rentre chez elle sur son balai volant.

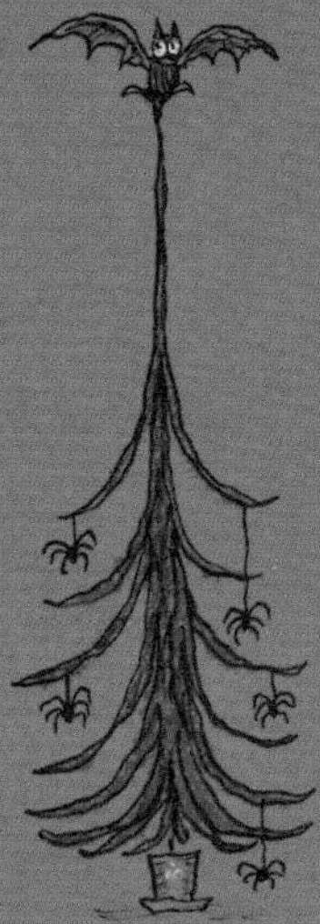

## *Zouk et le Père Noël*

Dans la grande, très grande ville,
Zouk la petite sorcière n'arrive pas à s'endormir.
Demain, c'est le grand jour. Elle a décoré toute la maison
avec de magnifiques guirlandes en toile d'araignée
et elle a accroché des boules chauves-souris... C'est très joli.

– Mais le Père Noël va-t-il venir ? se demande Zouk.
Il a peur des sorcières, c'est bien connu.
L'année dernière, il est tombé dans le chaudron
en descendant dans la cheminée...

Il a dû fuir, poursuivi par un crocodile...

Heureusement, il a réussi à s'échapper en laissant à Zouk son cadeau :
un flacon de parfum à la bave de crapaud.

Alors, cette année, Zouk se relève pour tout bien préparer.
Elle installe un bon oreiller
dans la cheminée et enferme tous les animaux au premier étage.

Elle va tout surveiller.

Pour le Père Noël, Zouk prépare aussi un goûter à sa façon,
avec quelques potions de sorcière. Il va se régaler.

Elle pose le plateau devant l'oreiller.

Puis Zouk se cache derrière le canapé et, au bout d'un moment,
elle s'endort, évidemment.

Le Père Noël est gourmand. Quand il arrive, il se jette sur le goûter.
Mais Zouk est une petite sorcière, pas une cuisinière et...

... le Père Noël devient jaune... bleu... puis vert...

Et il s'endort comme un bienheureux sur l'oreiller moelleux.
Il ronfle si fort que Zouk se réveille. « Aïe, qu'est-ce que j'ai fait ?
se demande notre petite sorcière. Je me suis trompée, mon mélange le fait dormir ! »
Elle le secoue, le secoue...

... et, enfin, le Père Noël finit par se réveiller.

Le Père Noël est affolé. Il a un traîneau entier de cadeaux à distribuer.
Les enfants vont bientôt se lever… Vite !
– Je vais vous aider, dit Zouk pour se faire pardonner.

Et cette année, si vous regardez dans le ciel au-dessus des cheminées, vous pourrez voir le Père Noël et la petite sorcière bien occupés !

# Joue avec Zouk

## La formule magique

Zouk veut libérer les animaux du zoo.
Pour cela, elle a inventé une formule magique qui fait sortir tous les animaux dont le nom est composé de deux syllabes :
« Abracadabra, jolies-bébêtes-à-deux-syllabes, prenez la poudre d'escampette ! »
Cherche quels animaux vont sortir de la cage.

Solution : canard, chameau, girafe, lapin, mouton, renard.

À toi maintenant ! Invente une formule magique pour faire sortir de la cage les animaux dont le nom a trois syllabes.

Solution : kangourou, écureuil, perroquet, éléphant.

# Le collier de mot

Les mots sont magiques. Regarde !
Zouk fait un grand collier de mots, et Noyau, un petit.
Il suffit que tu nommes chaque dessin dans l'ordre
et tu verras que les mots
s'enfilent comme les perles d'un collier.

Si tu ne lis pas ces histoires,
je te transforme en canard !

## Retrouve les aventures de Zouk en librairie

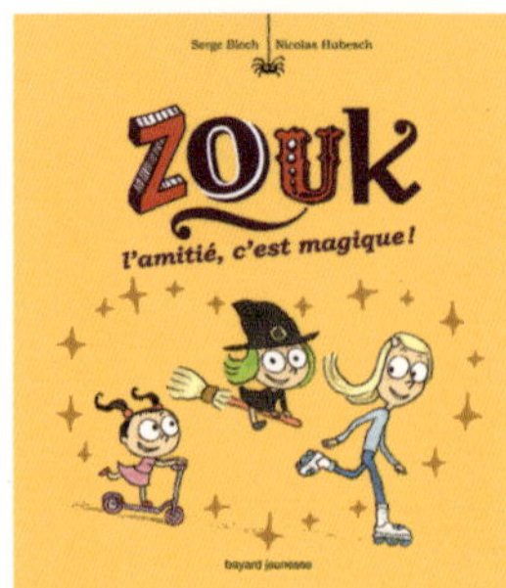

*Le magazine* **Les Belles HISTOIRES** *publie chaque mois une nouvelle aventure de Zouk !*